cuando como

Edición original en español:
"Cuando... como"
Texto y guión: Isidro Sánchez
Ilustraciones: Irene Bordoy
Serie "Cuando..."
Dirección de edición: José Mª Parramón Homs

Una publicación de Parramón Ediciones, S.A.
Lepanto, 264, 4º - 08013-Barcelona (España)

ISBN: 958-04-1281-2
CC: 60553250
ISBN (colección): 958-04-1270-7

Impreso en España
Depósito Legal: B-41.464-90

Isidro Sánchez/Irene Bordoy

cuando como

EDITORIAL norma

Barcelona, Bogotá, Caracas, México, Miami,
Panamá, Quito, San Juan, Santiago de Chile.

Nos gusta ayudar
en la cocina...

y poner el mantel,
mientras mamá y papá
preparan la comida.

Luego ponemos los platos,
los vasos, los cubiertos
y las servilletas...

y mamá lleva una jarra
de agua.
-Es muy bueno beber agua
-dice mamá.

Antes de comer, ¡hay que lavarse las manos!

Papá lleva después una riquísima ensalada a la mesa.
-¡A comer!-dice papá.

Papá le da la comida a
nuestro hermano pequeño;
pero nosotros dos sabemos
usar la cuchara.

Mamá nos enseña a utilizar el
tenedor y el cuchillo; luego
comemos, masticando despacio.
-La carne y el pescado nos
ayudan a crecer -dice mamá.

Papá nos explica cómo
debemos pelar la fruta.
-En la fruta hay vitaminas
-dice papá.

Después de comer,
recogemos la mesa entre todos...

y llevamos los
platos y los cubiertos a
la cocina para ponerlos
en el lavaplatos.

Y después de comer,
¡hay que lavarse los dientes!

Cuando como, ¡crezco fuerte y sano!

CUANDO COMO
ORIENTACIONES PARA PADRES Y EDUCADORES

Nuestra colección *Primera biblioteca de los niños* ha sido creada y realizada con el propósito de explicar al niño su entorno más cercano, ampliando su práctica de la lectura. Nuestro objetivo ha sido también el de motivarlo para que comente con el adulto todo lo que el texto y las ilustraciones le sugieren y para que, con las preguntas-juego de la página contigua, descubra nuevas formas de *leer* las ilustraciones, utilizando su imaginación.

Los principios alimentarios esenciales

Los alimentos contienen diversos principios esenciales, que nuestro organismo precisa para transformar la energía en calor y movimiento y para crecer y desarrollarse, mediante la regeneración constante de las células y de los tejidos corporales.

Estos componentes básicos de los alimentos son: los glúcidos o *hidratos de carbono,* los lípidos o *grasas* y los prótidos o *proteínas.*

Los hidratos de carbono y las grasas desempeñan básicamente una función *energética,* es decir, aportan energía a las células del organismo, mientras que la función de las proteínas, fundamentalmente *plástica,* consiste en proporcionar el «material» necesario para la construcción de los tejidos (huesos, músculos, etc.).

Otros componentes de los alimentos

Además de estos principios esenciales, el organismo necesita de otros nutrientes, que, aunque no poseen funciones energéticas ni plásticas, son indispensables para la vida: *minerales, vitaminas* y *fibras vegetales.*

Los *minerales* desempeñan una gran variedad de funciones: son esenciales en el crecimiento –el yodo–, en el desarrollo de los huesos y de los dientes –el calcio y el flúor–, en la formación de las células de la sangre –el hierro–, en el buen funcionamiento del sistema nervioso –el sodio y el potasio–, etc.

Las *vitaminas* actúan como reguladoras de muchas funciones del organismo. La mayoría de alimentos contiene algún tipo de vitamina y puesto que se necesitan en muy pequeñas cantidades, una alimentación equilibrada contiene un aporte de vitaminas suficiente.

Las frutas, las hortalizas, los frutos secos y la cáscara de los cereales son algunos de los alimentos con un alto contenido en *fibra vegetal.* La fibra vegetal favorece principalmente las funciones intestinales.

Los grupos de alimentos

La alimentación debe contener los alimentos más ricos en cada uno de los principios mencionados, pero ha de ser también variada para que no falte ninguno de los nutrientes básicos. Ello es particularmente importante en la alimentación infantil.

Se consideran cinco grupos tipo de alimentos:

La *carne,* los *pescados* y los *huevos* son los «ladrillos» de nuestro organismo, pues su principal función es plástica. Aportan sobre todo proteínas, pero también grasas, minerales y vitaminas.

La *leche* y sus derivados contienen proteínas, hidratos de carbono, minerales y vitaminas.

Las *verduras* y las *hortalizas* tienen una función reguladora, facilitando las reacciones químicas que el organismo lleva a cabo para metabolizar los alimentos. Aportan agua, fibra vegetal, minerales y vitaminas.

Las *frutas* poseen también una función reguladora.

El metabolismo

El organismo consume una parte de la energía obtenida con los alimentos y ahorra otra parte, «almacenándola» como reserva de energía.

La relación entre la energía que se consume y la que se «almacena» recibe el nombre de *metabolismo.*

El metabolismo varía de unas personas a otras, en función de múltiples causas: la edad, el peso, la actividad, etc.

Para que nuestro organismo esté sano, es necesario que exista un metabolismo justo, es decir, que haya un equilibrio entre la energía gastada y los alimentos energéticos consumidos.

¿Cuántas calorías se necesitan?

La energía que el organismo puede obtener de los alimentos se mide en *kilocalorías* (Kcal), siendo 1 Kcal equivalente a 1.000 calorías.

Un adolescente que realice una actividad normal necesita entre 2.000 y 2.500 kilocalorías diarias y un adulto con un trabajo sedentario, entre 2.500 y 3.000; pero las necesidades calóricas aumentan si se realiza un trabajo pesado o si se vive en un clima frío.

La obesidad infantil

La obesidad depende, en parte, del metabolismo; cuando éste es muy activo, el organismo absorbe y almacena calorías –y en consecuencia, grasa– con una eficacia superior a la normal.

El objetivo para combatir la obesidad es buscar un balance energético negativo, de forma que el gasto de energía supere al consumo.

El tratamiento de la obesidad infantil ha de partir de la base de que se deben educar los hábitos alimentarios del niño, enseñándole a practicar una alimentación equilibrada y a realizar el suficiente gasto de calorías, a través del ejercicio físico.

LEER Y MIRAR

El número que hay delante de la pregunta es el de la página donde debes mirar:

5. ¿Qué ha sacado el niño del frigorífico?
9. ¿Sabes cuáles son los cubiertos que se ponen normalmente en la mesa?
11. La jarra de agua ¿está llena o vacía?
13. ¿Qué tiene la niña en las manos?
14/15. El pollito que hay en el babero del bebé sale en otra ilustración. ¿Sabrías encontrarlo?
21. ¿Qué frutas hay en el frutero?
25. ¿Cómo se llama el aparato donde la mamá pone los platos?
27. ¿Qué hay colgado detrás de la puerta?

EDITORIAL
norma

primera biblioteca de los niños

Concebida para niños de 4 a 6 años, la colección *Primera biblioteca de los niños* está destinada a describir al niño su entorno más cercano –su familia, su casa, su calle, su escuela–, o a explicarle conceptos y fenómenos que escapan a su comprensión –las partes del día.
Formada por series de cuatro libros sobre un tema común, el propósito de esta colección es el de estimular la sensibilidad y la imaginación del niño, contribuyendo además a ampliar su práctica de la lectura y a familiarizarlo con el libro, a través de la formación de su *primera biblioteca.*

LAS CUATRO PARTES DEL DÍA

La mañana
La tarde
El anochecer
La noche

ESTOY EN...

mi casa
mi escuela
mi calle
mi jardin

CUANDO...

me lavo
me visto
como
estoy enfermo

MIS ANIMALES PREFERIDOS

Mi perro
Mi gato
Mi pájaro
Mi hámster

A PARTIR DE 4 años